AF581344

URANOGRAPHIE CHINOISE.

ATLAS CÉLESTE

CHINOIS ET GREC

D'APRÈS LE

TIEN-YOUEN-LÍ-LI.

DESSINÉ PAR

GUSTAVE SCHLEGEL,
Docteur en Philosophie,
Ancien interprète du Gouvernement des Indes orientales Néerlandaises pour les langues chinoises,
Membre correspondant de l'Académie royale Néerlandaise des Sciences,
etc., etc.

LA HAYE,
LIBRAIRIE DE MARTINUS NIJHOFF.
LEYDE,
IMPRIMERIE DE E. J. BRILL.
1875.

NOTE.

Les Atlas célestes chinois qui ont paru jusqu'à ce jour sont tous fort incomplets et très souvent incorrects. Le premier fut publié en quatre grandes feuilles par le P. Schall, Jésuite résidant à Peking vers la moitié du 17e siècle, sous le titre de *Thang-cho-wang*. Plus tard, le P. Grimaldi publia un atlas céleste en six feuilles, dans lequel les astérismes chinois sont tracés sur les figures grecques, dessinées par Tycho (Observations, Tom. I, p. 4 à 5). Le P. Noël fit paraître un catalogue comparé des étoiles chinoises et grecques. M. Deguignes fils, assisté de son père, a corrigé le catalogue de Noël, et publia deux planisphères (Mémoires présentés etc., Vol. X, p. 359 e. s.). M. Reeves, membre de la société astronomique de Londres, a fait, durant son séjour à Canton, un catalogue d'étoiles chinoises, qu'on trouve imprimé comme Appendice au premier Volume du Dictionnaire chinois de Morrison. Enfin M. J. Williams, Secrétaire-assistant de la société d'Astronomie royale à Londres, a publié en 1871, dans son ouvrage »Observations of Comets« (London, Strangeways and Wolden, Castle Street, Leicester Square), un Atlas céleste chinois autolithographié en 15 feuilles; mais, à ce qu'il paraît, cet atlas a été tracé d'après des cartes chinoises très-incorrectes et grossières, de sorte qu'il offre peu de valeur pour l'identification des astérismes chinois.

Dans tous ces atlas, les auteurs se sont contentés de copier les cartes chinoises, et ensuite d'identifier les quelques étoiles tracées correctement sur ces cartes avec les étoiles de notre sphère.

Or, dans les meilleures cartes célestes chinoises, les astérismes ne sont pas toujours placés exactement aux degrés précis de latitude et de longitude qu'ils occupent; soit par la faute du dessinateur, soit par nonchalance du graveur chinois.

La meilleure carte céleste chinoise que nous connaissons, est celle contenue dans l'ouvrage de *Siu-fâ*, savant chinois qui publia en 1682 son grand traité sur l'Astronomie et la Chronologie sous le titre de *T'ien-youen-li-li-tsouen-chou*. Cette carte est divisée en sept feuilles, et est dessinée plus correctement que toutes les autres cartes célestes chinoises.

Notre Atlas a été composé d'après ces cartes chinoises après une comparaison très sévère et exacte faite avec le bel Atlas céleste en dix-sept feuilles publié en 1840 par le savant Directeur de l'Observatoire de Bonn, le Docteur Argelander; et sur lequel sont marquées toutes les étoiles visibles à l'oeil nu, jusqu'à la 6e grandeur inclusives. Cette comparaison nous a permis d'arriver, dans l'identification des astérismes chinois, à une précision plus grande qu'aucun de nos prédécesseurs n'a pu obtenir. Malheureusement, l'Atlas de M. Argelander ne s'étend que jusqu'au 30e degré Sud de l'équateur, et les constellations australes n'y occupent qu'une seule feuille, tandis que les constellations boréales en occupent seize. Nous avons encore employé un beau globe céleste de Dien, de 30 centimètres de diamètre. Mais il s'en faut de beaucoup que le ciel austral soit aussi complétement mis en carte que le ciel boréal; et, conséquemment, l'identification des astérismes chinois australs laisse encore à désirer. De plus, les cartes chinoises modernes du ciel austral sont très-incorrectes, ayant été tracées à l'époque quand le siége de l'Observatoire fut transféré à Peking, où ces astérismes australs ne sont pas visibles.

Dans notre Atlas, les étoiles des 28 *Siou* ou Domiciles, ainsi que celles des trois enceintes, *Tsse-wi*, *T'ai-wi* et *T'ien-chi*, sont imprimées en encre rouge pour les distinguer plus facilement des autres astérismes.

L'intervalle entre les 28 Domiciles est également tracé en rouge dans la bordure inférieure de chaque carte; tandis qu'il est donné en chiffres dans la bordure rouge qui entoure les constellations polaires de la première carte.

Nous n'avons pas la prétention de croire notre atlas céleste chinois irréprochable; mais nous osons affirmer qu'il est plus exact qu'aucun des atlas célestes chinois publiés jusqu'aujourd'hui en Chine ou en Europe. Du reste, quand la position des étoiles chinoises correspondantes était douteuse, nous les avons seulement indiquées par des cercles et des lignes en petits points.

Nous n'avons pas donné une carte chinoise du pôle austral, vu que tous les astérismes chinois qui s'y trouvent sont, soit empruntés à la sphère européenne, soit de date tout-à-fait moderne et, par conséquent, d'aucun intérêt historique.

G. SCHLEGEL.

CARTE DU FUSEAU TSSE-WI-HOUAN. Pl. I.

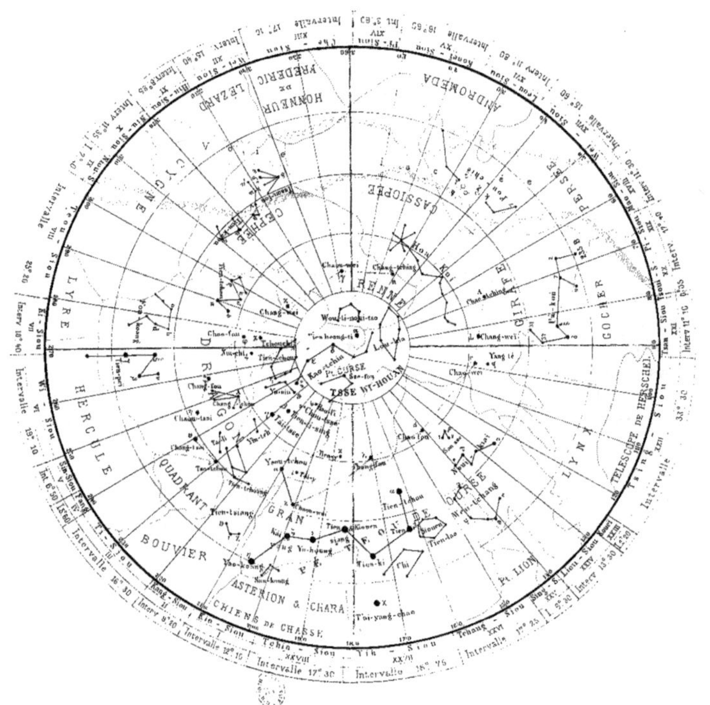

CARTE DU FUSEAU TAI-WI-HOUAN.

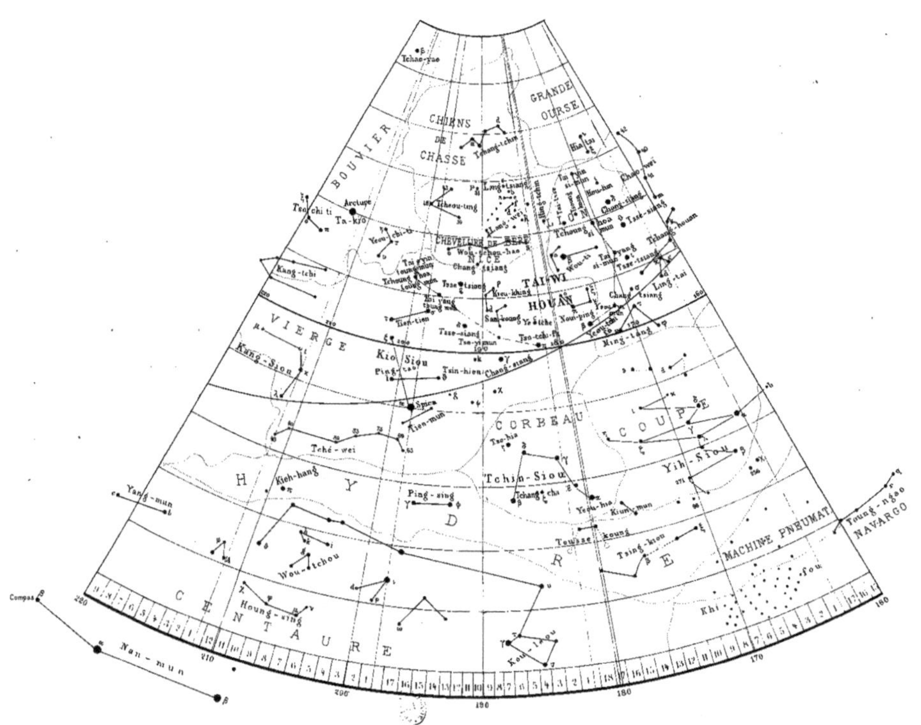

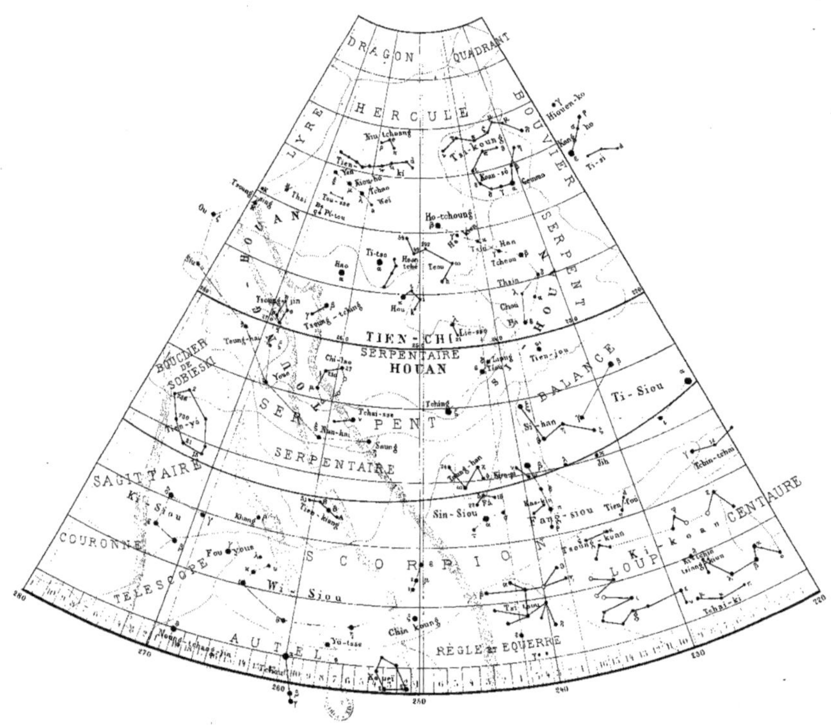
DRAGON
QUADRANT
HERCULE
BOUVIER
LYRE
SERPENT
TIEN-CHI
SERPENTAIRE
HOUAN
BOUCLIER DE SOBIESKI
BALANCE
Ti-Siou
SERPENT
SERPENTAIRE
SAGITTAIRE
Ki-Siou
Sin-Siou
Fang-siou
CENTAURE
Ki-koan
COURONNE
TELESCOPE
SCORPION
LOUP
Wi-Siou
AUTEL
RÈGLE ET ÉQUERRE
Tchai-ki
Ho-tchoung
Tai-koung
280
270
260
250
240
230
220

CARTE DU FUSEAU TIEN-TSIN.

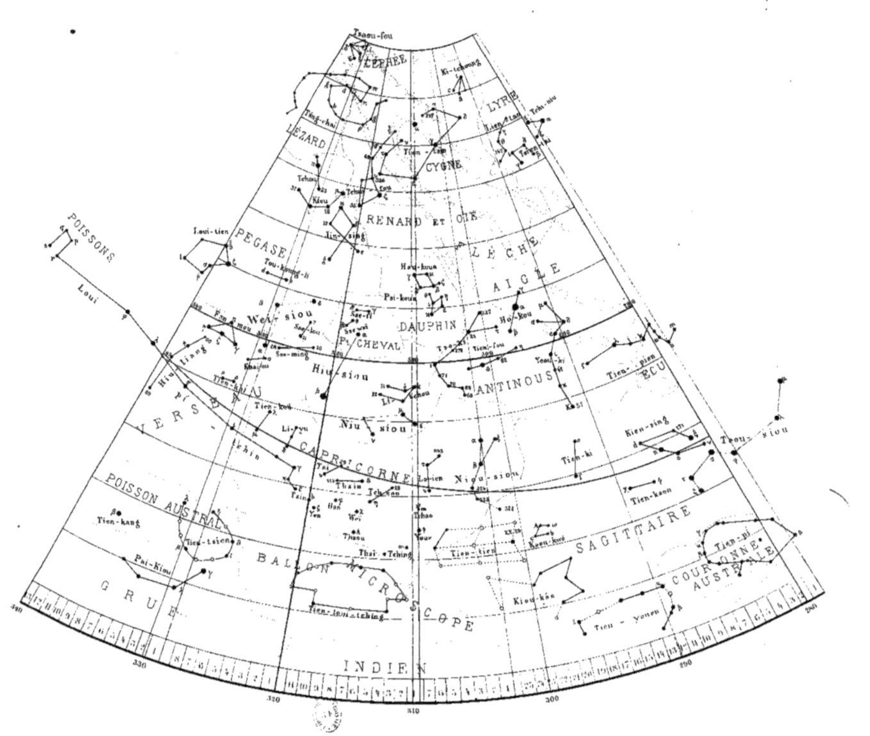

CARTE DU FUSEAU KO-TAO.

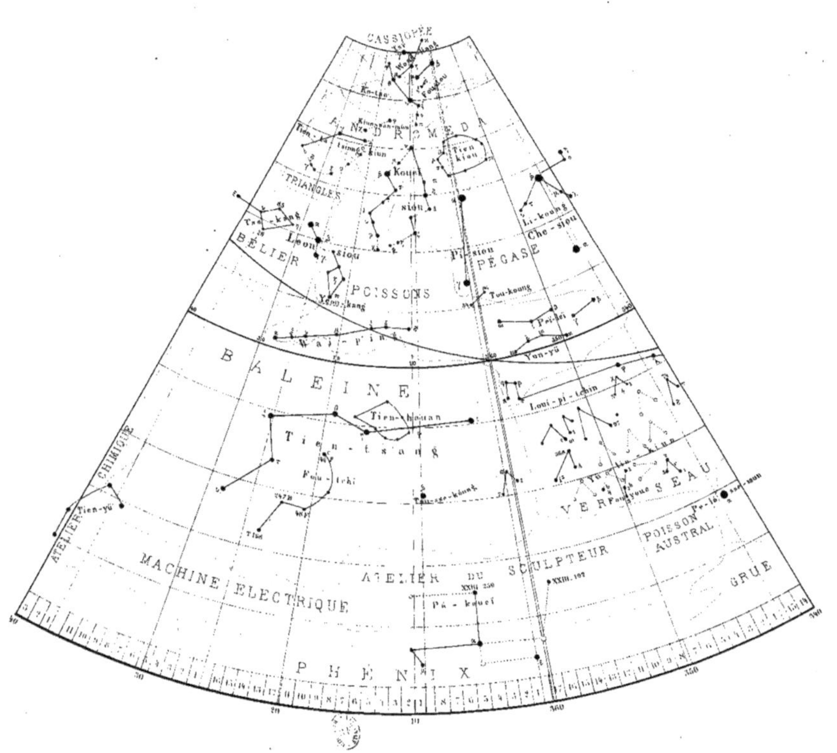

CARTE DU FUSEAU WOU-TCHAI.

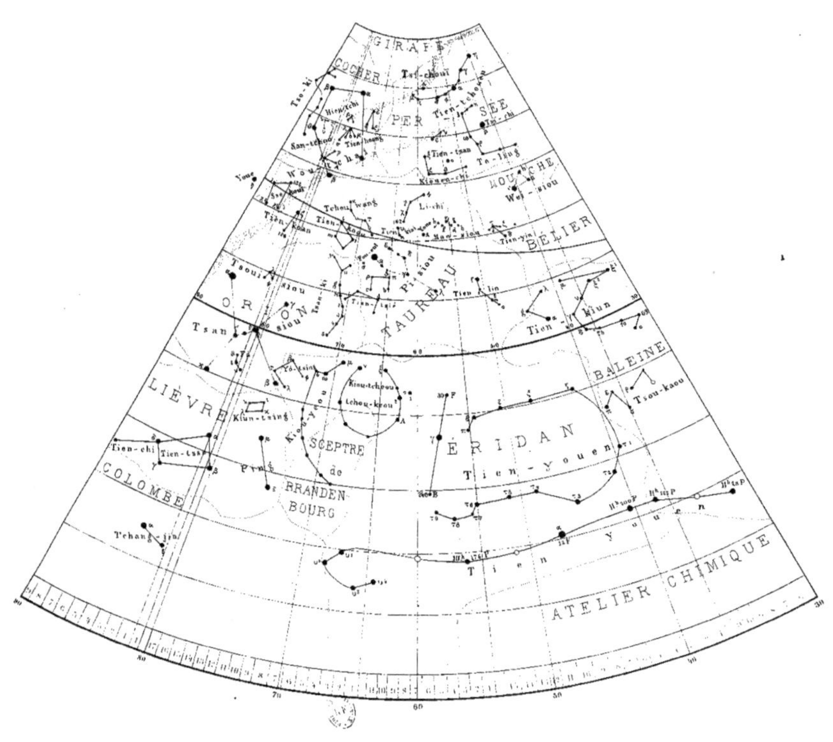

CARTE DU FUSEAU HIEN-YOUEN.

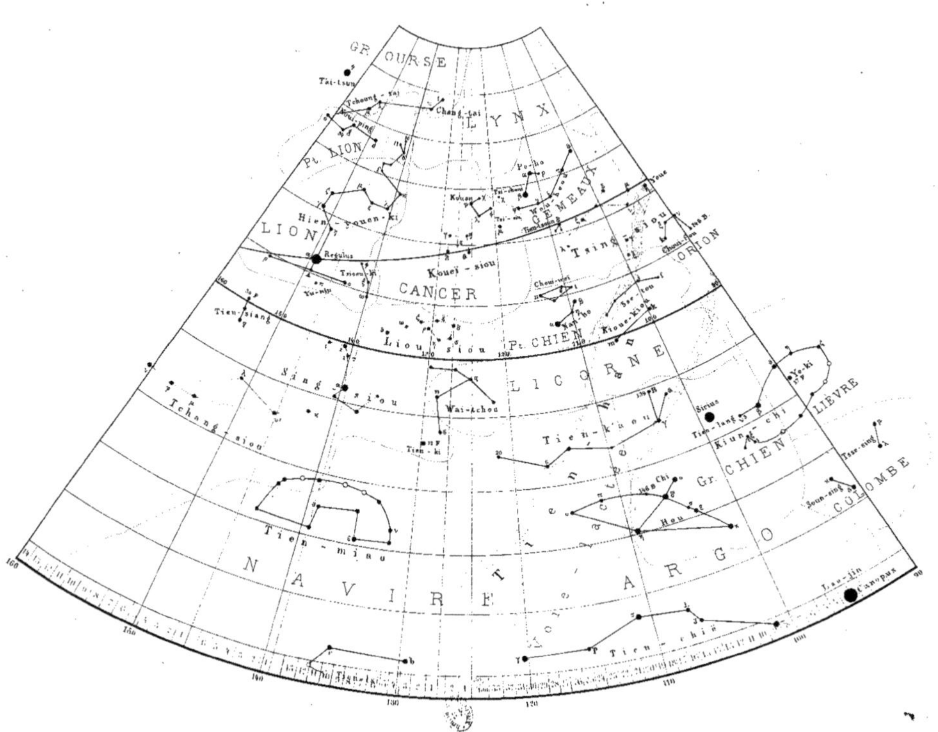

www.ingramcontent.com/pod-product-compliance
Lightning Source LLC
LaVergne TN
LVHW050517160826
845677LV00003B/1184

9782329633992